Beate Mazek

Crafty Christmas!

Nähen und Häkeln für Winter & Weihnachten

OZ creativ

Vorwort

Wer gern näht und häkelt, wird dieses Buch lieben. Hier finden Sie Kuscheliges für die Winterzeit, aber auch hübsche Geschenkideen für Weihnachten.

Verschenken Sie an Ihre Lieben doch mal etwas aus Ihrer eigenen Produktion wie eine Tasche mit Hüttenzauber, einen fröhlich bunten Adventskalender oder wunderbare Pulswärmer für die kalte Jahreszeit.

Das Besondere hier ist die Kombination von Stoffen und Wolle! Mit einfachen Grundtechniken der Häkelwelt bringen Sie den genähten Projekten das i-Tüpfelchen.

Viel Freude beim Nacharbeiten und gutes Gelingen wünscht

Beate Mazek

Inhalt

Schwierigkeitsgrade der Modelle

● = einfach und schnell
●● = mit geringem Aufwand
●●● = etwas aufwändiger

Wohnen zur Weihnachtszeit

Der Zipfel, der Zapfel, der goldbraune Apfel! Wenn es draußen stürmt und schneit, geht nichts über ein kuscheliges Zuhause mit gemütlichem Elchkissen und hübschen Quilts. Und das Weihnachtsapfel-Rezept macht den Bauch von innen warm.

Merry
Christmas

Sind sie nicht zum Knutschen?

Elchkissen • Größe 30 x 50 cm • Vorlage 1, Bogen A • Schwierigkeitsgrad ●●

Material

- 40 cm Stoff für das Kissen, Breite 110 cm
- 40 cm Stoff für Rüsche und Elche, Breite 140 cm
- 1 Kissenfüllung 35 x 50 cm
- 1 Reißverschluss 30 cm in der Farbe zum Kissenstoff passend
- 25 cm Bügelvlies

Zuschneiden

In den Zuschnittmaßen und in der Vorlage ist eine Nahtzugabe von ca. 0,75 cm enthalten.

Kissen

- 1 Rechteck 37 x 52 cm für die Vorderseite
- 1 Rechteck 15 x 37 cm für die Rückseite
- 1 Rechteck 39 x 37 cm für die Rückseite

Rüsche

- 3 Streifen 8 x 140 cm

Nähen

Die Elche mit Hilfe der Schablone auf das Bügelvlies zeichnen, auf die linke Seite des Stoffes bügeln und ausschneiden. Das Trägerpapier von den Elchen abziehen und diese auf die Vorderseite des Kissens bügeln. Die Elche mit der Nähmaschine umnähen.

Für die Rüsche die langen Stoffstreifen aneinandernähen, der Länge nach doppelt bügeln und mit langem Steppstich der Nähmaschine an der offenen Seite einen Reihfaden nähen. Durch Ziehen des Unterfadens bildet sich die Rüschung. Auf das Maß von ca. 1,75 m einkräuseln. Die fertige Rüsche auf dem Vorderteil des Kissens mit Stecknadeln fixieren.

Für die Reißverschlussöffnung die beiden Rückseitenteile rechts auf rechts aufeinander legen und jeweils 4 cm an beiden Enden mit einer Nahtzugabe von 1,5 cm zusammennähen. Nahtzugabe auseinanderbügeln. Den Reißverschluss mithilfe des Spezialfußes der Nähmaschine einnähen.

Die Rückseite sollte jetzt ein Maß von 37 x 52 cm haben. Dieses deckungsgleich auf das Vorderteil rechts auf rechts legen und ringsherum zusammen mit der Rüsche absteppen.

Anschließend die offenen Kanten versäubern.

Das Weihnachtshaus

Wandquilt • Größe 92 x 150 cm • Vorlagen 2–8, Bogen A • Schwierigkeitsgrad ●●●

Material

- 160 cm heller Streifenstoff für den Hintergrund
- 30 cm einfarbiger Stoff für die Einfassung
- 160 cm Stoff für die Rückseite des Quilts
- 160 cm Volumenvlies

Für die Applikationen

- 60 cm Stoff für die Hausfassade
- 35 cm Stoff für das Dach
- 15 cm Stoff für die Fenster
- 15 cm Stoff für die Fensterläden
- 40 cm Stoff für die Tür und den Schriftzug
- 10 cm Stoff für die Treppe
- Wollfilzreste in verschiedenen Farben (Tannenbaum, Geschenke)
- Wolle zum Verzieren

Zuschneiden

In den Zuschnittmaßen und Vorlagen ist eine Nahtzugabe von ca. 0,75cm enthalten.

Für den Hintergrund

- 1 Rechteck 150 x 94 cm

Für die Rückseite

- 1 Rechteck 150 x 94 cm, Volumenvlies 150 x 94 cm

Für die Einfassung

- 5 Streifen 7 x 140 cm

Für die Applikationen

- Den Schriftzug (Achtung: seitenverkehrt aufzeichnen), die Fenster, die Tür, die Innenteile der Tür, die Stufen, Tannenbaum und Geschenke mithilfe der Schablonen auf das Bügelvlies zeichnen, auf die linke Seite des Stoffes bzw. des Wollfilzes bügeln und ausschneiden.

Nähen

Die drei Lagen Rückseitenstoff, Vlies und den Stoff für den Hintergrund aufeinanderlegen und heften. Das Trägerpapier von den Buchstaben abziehen und diese auf die Vorderseite des Quilts bügeln. Die Buchstaben mit einem Quiltstich von Hand aufnähen. Darauf achten, dass beim Quilten alle drei Lagen miteinander verbunden werden.

Für die Einfassung die 5 vorbereiteten Streifen aneinandernähen, der Länge nach doppelt umbügeln und diese Streifen von der rechten Seite füßchenbreit ringsherum annähen. Dann die Einfassung nach hinten umklappen und ebenfalls ringsherum annähen – dieses Mal von Hand.

Für das Haus die Hausteile auf die linke Seite des Stoffes aufzeichnen, sorgfältig rechts auf rechts auf den jeweiligen Stoff stecken und exakt auf den Konturen steppen. Vorsichtig beim Rückseitenstoff einen Schlitz einschneiden und das Teil verstürzen. Gut ausbügeln, die Teile auf dem Quilt anordnen und per Hand applizieren. Die Fensterkreuze mit mehreren, dicht nebeneinander gesetzten Linien aus Steppstichen nähen.

Anschließend das Trägerpapier von der Tür und den Fenstern abziehen und diese auf die Hausfassade vorsichtig bügeln. Die Applikationen mit einem Zierstich der Nähmaschine umnähen.

Fensterläden, Innenteile der Tür, Stufen, Tannenbaum und Geschenke auf gleiche Weise doppelt nähen und das Haus damit verzieren. Dabei die Fensterläden nur auf der „Scharnierseite" ans Fenster nähen, sodass sie ein wenig von der Hausfassade abstehen.

Merry
Christmas

Wollig und weihnachtlich

Gehäkelter Adventskranz • Größe 40 cm Ø • Schwierigkeitsgrad ●

Material

- ca. 250 g Wolle (Nadelstärke 7 – 8)
- Wollfilz in verschiedenen Farben
- Wolle zum Verzieren
- 1 Strohkranz, Durchmesser etwa 35 – 40 cm
- 4 Kerzenhalter zum Einstechen

Häkeln

Aus der Häkelwolle eine Probe von etwa 10 cm Breite erstellen, um zu ermitteln, wie viel Maschen für den Kranzumfang notwendig sein werden. Die Dicke des Kranzes ausmessen und entsprechend der Häkelprobe die erforderliche Zahl von Luftmaschen anschlagen. 3 Wendeluftmaschen, in jede Luftmasche der Luftmaschenkette 1 Stäbchen. * 3 Wendeluftmaschen, ab dem 2. Stäbchen der Vorreihe in jede Masche 1 Stäbchen häkeln. Ab * wiederholen, bis der Kranz großzügig umhäkelt ist. Nun den Kranz damit beziehen und an der unteren Seite per Hand vernähen. Die Kerzenhalter einstecken.

Für die Geschenke kleine Quadrate mit den Maßen 5,5 x 5,5 cm auf die Rückseite des Wollfilzes aufzeichnen, rechts auf rechts legen und mit Wendeöffnung nähen, verstürzen, mit Watte füllen und die Wendeöffnung von Hand schließen. Anschließend mit Wolle verzieren. Die kleinen Geschenke auf dem Wollkranz anbringen.

Kuscheliger Schmuck

Christbaumanhänger • Größe 10 x 10 cm • Vorlage 9, Bogen A • Schwierigkeitsgrad ●

Material

- Wollfilz in verschiedenen Farben
- Wolle in rot und grün (Nadelstärke 3 – 3,5)
- Füllwatte

Zuschneiden

In den Zuschnittmaßen und in der Schablone ist eine Nahtzugabe von ca. 0,75 cm enthalten.

- 2 Quadrate je 11 x 11 cm pro Herz
- 2 Rechtecke je 4 x 6 cm pro Päckchen

Nähen

Mit der Schablone Herz auf die linke Seite eines Stoffquadrates zeichnen.
Beide Quadrate rechts auf rechts aufeinander legen und genau auf der gezeichneten Linie steppen. An einer geraden Seite des Herzens eine etwa 3 cm große Wendeöffnung lassen. Das Herz bis knapp an die Nahtlinie ausschneiden und die Nahtzugabe oben einschneiden.
Das Herzchen wenden und mit Watte füllen. Wendeöffnung von Hand schließen. Für die Pakete 2 Rechtecke rechts auf rechts mit Wendeöffnung nähen. Das Paket wenden und mit Watte füllen. Wendeöffnung von Hand schließen. Um die Päckchen als Geschenkband eine Luftmaschenkette binden.

Häkeln

Für die Häkelrose 16 Luftmaschen anschlagen. 1. R.: Die erste Luftmasche zählt als Wendeluftmasche. In jede weitere Luftmasche 2 feste Maschen arbeiten = 30 feste M. 2. R.: jeweils 2 Maschen in jede Masche arbeiten: 3 feste Maschen, *4 halbe Stäbchen, 7 Stäbchen, 4 halbe Stäbchen, 5 feste Maschen, ab * 1 mal wiederholen, 4 halbe Stäbchen, 7 Stäbchen, 4 halbe Stäbchen, 2 feste Maschen. Faden mit langem Ende abschneiden. Das Häkelband so zur Spirale einrollen, dass das Fadenende der 2. Reihe innen liegt. Die Luftmaschenkette mit dem Fadenende der 1. Reihe mit einigen Stichen fixieren, dann das Fadenende der 2. Reihe mit der Wollnadel durch die Mitte der Blüte nach unten stechen und fest anziehen, sodass es in die Mitte der Blüte hineingezogen wird. Vernähen.
Für das Rosenblatt 7 Luftmaschen anschlagen. 1. R.: 2 feste Maschen, 2 halbe Stäbchen, 1 Stäbchen, in die letzte Luftmasche 4 Stäbchen häkeln als Übergang zur anderen Seite. 2. R.: 2 Stäbchen, 2 halbe Stäbchen, 2 feste Maschen. Anschließend die Häkelrose auf dem Wollherz mit der Hand aufnähen.

Zeichenerklärung

· = 1 Luftmasche
∩ = 1 Kettmasche
I = 1 feste Masche
T = 1 halbes Stäbchen
† = 1 Stäbchen

Laufen die Zeichen unten zusammen, werden die Maschen in eine Einstichstelle gearbeitet.

Häkelschrift Blatt

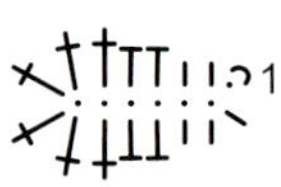

Häkelschrift Blüte

Baumschmuck mal anders

Husse für den Tannenbaumständer • Größe 20 x 18 x 18 cm • Vorlagen 10 und 11, Bogen B • Schwierigkeitsgrad ●

Material

- 30 cm Wachstuch, Breite 140 cm
- Stoffrest für die Applikation

Zuschneiden

Im Zuschnittmaß und in der Vorlage ist eine Nahtzugabe von ca. 0,75 cm enthalten.
Mithilfe der Schablone Vorder- und Rückseite zuschneiden.

Nähen

Den Stern mithilfe der Schablone auf das Bügelvlies zeichnen, auf die linke Seite des Stoffes bügeln und ausschneiden. Das Trägerpapier von dem Stern abziehen und diesen auf die Vorderseite der Husse vorsichtig bügeln (das Wachstuch dabei abdecken). Den Stern mit einem Zierstich der Nähmaschine umnähen. Die Vorder- und Rückseite deckungsgleich rechts auf rechts legen und die seitlichen und die untere Kontur füßchenbreit absteppen. Seitliche und untere Naht aufeinander legen und den Boden einnähen. Auf rechts wenden. Die obere Kante etwa 3 cm nach innen einschlagen und ebenfalls absteppen.

Es weihnachtet sehr ...

Quilt mit Christbaum • Größe 118 x 145 cm • Vorlagen 12, 13a und b, Bogen B • Schwierigkeitsgrad ●●●

Material

(Stoffbreite 1,40 m)

- 130 cm heller Stoff für den Hintergrund
- 30 cm Stoff für den inneren Rand
- 70 cm Stoff für den äußeren Rand und die Einfassung
- 150 cm Stoff für die Rückseite des Quilts
- 150 cm Volumenvlies

Für den Tannenbaum:

- 90 cm Wollfilz
- 90 cm Rückseitenstoff für den Christbaum
- 5 verschiedene Stoffe, jeweils 15 cm für die Herzen
- 24 Knöpfe, ca 1,5 cm Durchmesser

Zuschneiden

In den Zuschnittmaßen und in den Vorlagen ist eine Nahtzugabe von ca. 0,75 cm enthalten.

Hintergrund

- 1 Rechteck 130 x 102 cm

Innerer Rand

- 2 Streifen 4,5 x 130 cm
- 2 Streifen 4,5 x 109 cm

Äußerer Rand

- 2 Streifen 7 x 136 cm
- 2 Streifen 7 x 121 cm

Einfassung

- 4 Streifen 7 x 140 cm

Herzen

- für jedes Herz 2 Quadrate 11 x 11 cm

Nähen

Die beiden längeren Streifen 4,5 x 130 cm für den inneren Rand an den langen Seiten des Hintergrundstoffes rechts auf rechts nähen. Anschließend die kürzeren Streifen 4,5 x 109 cm für den inneren Rand an die kürzeren Seiten nähen. Dann auf gleiche Weise die Streifen für den äußeren Rand rechts auf rechts annähen, d. h. erst die längeren vertikalen Seiten 7 x 136 cm und anschließend die kürzeren horizontalen Seiten 7 x 121 cm. Die drei Lagen Rückseitenstoff, Vlies und das Top aufeinander legen und heften, anschließend die drei Lagen durch Quilten miteinander verbinden. Dafür z.B. Sterne aufzeichnen und von Hand quilten. Für die Einfassung die vorbereiteten Streifen aneinandernähen, der Länge nach doppelt umbügeln und diesen Streifen von der rechten Seite füßchenbreit ringsherum annähen. Dann die Einfassung nach hinten umklappen und ebenfalls ringsherum annähen – dieses Mal von Hand.

Christbaum

Mithilfe der Schablone den Christbaum auf den dafür vorgesehenen Rückseitenstoff aufzeichnen. Diesen sorgfältig rechts auf rechts auf den Wollfilz stecken und exakt auf den Konturen steppen. Vorsichtig beim Rückseitenstoff einen Schlitz einschneiden und den Tannenbaum verstürzen. Gut ausbügeln, dann die Tanne mittig auf den Quilt auflegen und per Hand applizieren.

Herzen

Mithilfe der Schablone die Herzen auf die linke Seite des einen Stoffquadrates zeichnen und ein Quadrat mit Vlies hinterlegen. Beide Quadrate rechts auf rechts aufeinander legen und genau auf der gezeichneten Linie steppen. An einer geraden Seite des Herzens eine Wendeöffnung lassen. Das Herz bis knapp an die Nahtlinie ausschneiden und die Nahtzugabe oben einschneiden. Das Herz wenden und die Wendeöffnung von Hand verschließen.

LIEBESNEST

Rezept-Tipp

Heißer Winterapfel

Zutaten für 4 Personen

- 4 Äpfel
- Zimt
- Vanilleeis

Für die Vanillesoße

- 400 ml Milch
- 3 EL Zucker
- 1 Vanilleschote
- 2 Eier
- 1 Becher Sahne
- 1 gehäufter TL Speisestärke

Milch, Zucker und das Mark der Vanilleschote aufkochen. Inzwischen die Eier mit dem Handrührgerät aufschlagen. Speisestärke und Sahne zugeben und noch mal kurz durchschlagen. Die Sahne-Eier-Mischung mit dem Schneebesen in die kochende Milch einrühren und noch mal kurz aufkochen lassen. Die Äpfel klein schneiden, in eine Auflaufform geben und mit Zimt würzen, anschließend die Soße darüber geben. Backzeit 25 Minuten bei 220 Grad. Auflauf mit Vanilleeis servieren.

Schick sein zur Weihnachtszeit

Von draußen, vom Walde komm ich her – oder möchte noch hin? Mit Umhängetasche, Kosmetiktaschen und Geldbörse bin ich dafür gut gerüstet. Und die Pulswärmer halten schön warm beim Winterspaziergang oder Weihnachtsshopping.

Für die Weihnachtsschätze

Geldbörse • Größe 11 x 15 cm • Vorlagen 14, 15 und 18, Bogen B • Schwierigkeitsgrad ●●●

Material

Außenteil und Reißverschlussteil

- 30 cm Stoff beliebiges Muster
- 15 x 22 cm Bügelvlies
- 15 x 22 cm Schabrackeneinlage
- ein kleines Stück Volumenvlies
- 1 Reißverschluss 15 cm lang in der Farbe zum Stoff passend
- 1 Druckknopf farblos
- ca. 80 cm Schrägband in der Farbe zum Stoff passend

Zuschneiden

In den Zuschnittmaßen und in der Vorlage ist eine Nahtzugabe von ca. 0,75 cm enthalten.

- 15 x 22 cm Außenstoff, hinterbügeln mit Schabrackeneinlage und Druckknopf anbringen
- 15 x 22 cm Innenstoff, hinterbügeln mit Bügelvlies

Reißverschlussteil

Außenstoff

- 1 Teil 10 x 15 cm (Vorderteil)
- 1 Teil 13 x 15 cm (Rückenteil)

Futterstoff

- 1 Teil 10 x 15 cm
- 1 Teil 13 x 15 cm ▶

Nähen

Reißverschlussteil

Für ein einfacheres Nähen den Reißverschlussfuß der Nähmaschine einsetzen. Den Reißverschluss und das Vorderteil (Außenstoff) so rechts auf rechts legen, dass die Zähnchenreihe und die Bruchkante aufeinander liegen. Absteppen.

Das Futterteil deckungsgleich (mit der rechten Seite nach unten liegend) auf das Werkstück legen und ebenfalls absteppen. Auf rechts wenden und knappkantig eine Naht neben den Reißverschluss setzen. Das Rückenteil auf gleiche Weise anbringen.

Das fertige Reißverschlussteil in Form legen. Das kleinere Vorderteil liegt nach oben und das größere Rückenteil nach hinten klappen. Um das Ganze zu festigen, an beiden Seiten schmal absteppen.

Kartenfachteil

Die zugeschnittenen 3 Teile für die Fächer (11 x 12 cm) rechts auf rechts auf die Größe 11 x 6 cm legen und mit einer Nahtzugabe von etwa 0,75 cm – also füßchenbreit – absteppen.

Auf rechts wenden und flach bügeln.

Die Kartenfächer werden nun einzeln auf die Grundlage gesteppt. Das 1. Fach auf die Grundlage legen und unten schmalkantig absteppen, sodass die Karte nicht durchfallen kann. Alle weiteren Fächer mit einem Abstand von 2 cm aufnähen (siehe Foto).

Das Kartenfachteil zeigt ringsherum offene Stoffkanten. Um die spätere innere Kante zu „verschließen", nun den Kantenstoff 13 x 15 cm rechts auf rechts auf das Fächerteil legen, absteppen und so nach hinten legen, dass vorne noch eine Kante von etwa 1 cm zu sehen ist.

Die noch offenen Stoffseiten zur Sicherheit schmal absteppen, sodass nichts verrutschen kann. ▶

20
SCHÖN & BUNT
Die Traumwerkstatt

Kartenfachteil

- 3 Teile 11 x 12 cm für die Fächer
- 1 Teil 11 x 15 cm für die Grundlage der Fächer. Auf diesem Stoff werden die Fächer aufgenäht.
- 1 Teil 13 x 15 cm. Dieser Stoff ergibt die linke Seite der Fächer.

Verschluss

- 2 Teile in Form der Schablone zuschneiden

Den Verschluss mit dem Vlies rechts auf rechts nähen, dabei ein Stück der Naht zum Wenden offenlassen. Wenden, Wendeöffnungen schließen und Druckknopf anbringen.

Alle Teile zusammenfügen. Das Reißverschlussteil und das Kartenfachteil werden laut Abbildung auf den Innenstoff mit dem Bügelvlies angeordnet. Sollte nicht alles deckungsgleich sein, einfach ein wenig begradigen. Das Trägerpapier abziehen und auf den Außenstoff mit der Schabrackeneinlage bügeln. Der Reißverschluss darf keinen Kontakt zum Bügeleisen haben!

Nun die fast fertige Börse in Form der Schablone schneiden und den Verschluss in der Mitte der Außenseite etwa 2,5 cm vom Rand entfernt anbringen. Zum Schluss das Ganze mit einem Schrägband einfassen.

Hüttenzauber

Tasche mit gehäkelter Klappe • Größe 25 x 23 x 6 cm • Vorlage 16, Bogen B • Schwierigkeitsgrad ●●●

Material

- 35 cm Außenstoff
- 35 cm Futterstoff
- 40 cm Vlies
- 40 cm Einlage zur Verstärkung zum Aufbügeln
- 25 cm Vlieseline
- ca. 1,30 m Gurtband in der Farbe passend zum Außenstoff
- 1 Steckschloss

Für die Häkelei:

- ca. 100 g in grau (für Nadelstärke 7 – 8)
- Wollreste in 2 Rot-Tönen für das Herz

Zuschneiden

In den Zuschnittmaßen und in der Vorlage ist eine Nahtzugabe von ca 0,75 cm enthalten.

- Für die Taschenteile und die Klappe die Schablone verwenden. Für die Klappe die Schablone nach oben hin um etwa 5 cm verkürzen.

Außentasche

- 2 Taschenteile in Form der Schnittvorlage bringen
- 1 Streifen 10 x 90 cm (Seiten-/Bodenteil). Die Taschenteile auf Vlies stecken.

Futtertasche

- Taschenteile und Seitenbodenteil wie oben beschrieben zuschneiden und mit der Einlage zum Aufbügeln verstärken.
- Für die Innenseite der Klappe ein Klappenteil mit dem Futterstoff zuschneiden und auf Vlies stecken.

Nähen

Taschenteil und Seiten-/Bodenteil rechts auf rechts entlang der seitlichen und unteren Taschenkontur nähen. Zweites Teil ebenso. Die Klappe am oberen Taschenrand anbringen.

Verschluss an der Klappe und am vorderen Taschenteil anbringen. Das Gurtband an den Seiten provisorisch fixieren.

Futtertasche mit Wendeöffnung nähen. Außentasche (rechts) in die Futtertasche (links) stecken, gleichmäßig verteilen, stecken und abnähen. Hierbei den Gurt mit fassen. Tasche durch die Öffnung des Futters stülpen. Wendeöffnung von Hand schließen. Futtertasche in die Tasche stecken. Den oberen Rand bügeln und eine Ziernaht von etwa 5 mm unterhalb des oberen Randes anbringen.

Häkeln

Für die Außenseite der Taschenklappe ein Rechteck mit den Maßen 24 x 27 cm häkeln, und zwar jeweils ein Stäbchen und eine feste Masche im Wechsel, dabei jede Reihe mit einer Wendeluftmasche beginnen. In den Rückreihen auf jedes Stäbchen eine feste Masche häkeln und auf jede feste Masche ein Stäbchen. Auf die linke Seite des Häkelstücks die Vlieseline bügeln. Nun das vorbereitete Klappenteil aus Stoff rechts auf rechts auf das Häkelteil stecken und die seitlichen und unteren Konturen nähen, auf rechts wenden und bügeln.

Häkelschrift Herz

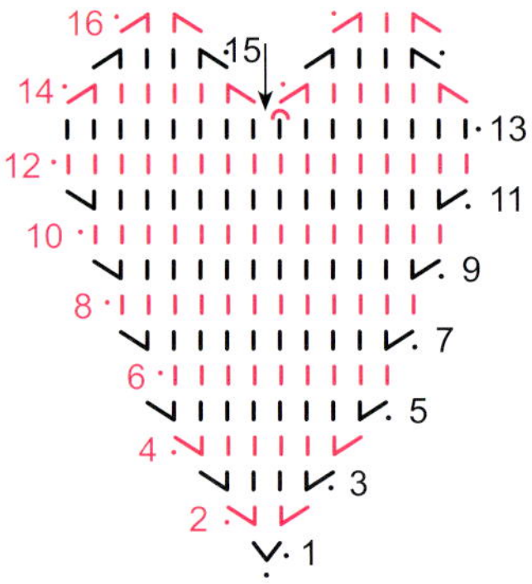

Zeichenerklärung

· = 1 Luftmasche

⌒ = 1 Kettmasche

I = 1 feste Masche

↓ = neu ansetzen

Laufen die Zeichen unten zusammen, werden die Maschen in eine Einstichstelle gearbeitet. Laufen die Zeichen oben zusammen, werden die Maschen zusammen abgemascht.

Für das Herz 2 Luftmaschen anschlagen.

1. R.: 2 feste Maschen in die erste Luftmasche, wenden.

2. R.: Am Beginn dieser und der folgenden Reihen eine Wendeluftmasche häkeln. In beide Maschen der Vorreihe jeweils 2 feste Maschen häkeln = 4 Maschen

3. R.: feste Maschen, die erste und letzte Masche verdoppeln = 6 Maschen

4. R.: feste Maschen, die erste und letzte Masche verdoppeln = 8 Maschen

5. R.: feste Maschen, die erste und letzte Masche verdoppeln = 10 Maschen

6. R.: 10 feste Maschen häkeln.

7. R.: feste Maschen, die erste und letzte Masche verdoppeln = 12 Maschen

8. R.: 12 feste Maschen häkeln.

9. R.: feste Maschen, die erste und letzte Masche verdoppeln = 14 Maschen

10. R.: 14 feste Maschen häkeln.

11. R.: feste Maschen, die erste und letzte Masche verdoppeln = 16 Maschen

12. R.: 16 feste Maschen häkeln.

Ab hier beginnt der erste Herzbogen.

13. R.: 8 feste Maschen häkeln, wenden.

14. R.: feste Maschen, dabei jeweils die ersten beiden und die letzten beiden Maschen zusammenhäkeln = 6 Maschen

15. R.: feste Maschen, die ersten beiden und die letzten beiden Maschen zusammenhäkeln = 4 Maschen

16. R.: feste Maschen, die ersten beiden und die letzten beiden Maschen zusammenhäkeln = 2 Maschen

Für den zweiten Herzbogen in der Mitte der 13. Reihe neu ansetzen und die Reihe zu Ende häkeln, wenden. Anschließend die 14. bis 16. Reihe gegengleich ebenso häkeln wie für den ersten Herzbogen. Farbe wechseln und das Herz mit festen Maschen umhäkeln. Das Herz von Hand an die Taschenklappe annähen.

Deko-Tipp

Vom Himmel hoch

Weihnachtliches Mobile

Material

- ca. 1 m mitteldicker Draht
- starkes Klebeband
- einige Meter Borte
- 10 bis 12 verschiedene kleine dekorative Gegenstände zum Anhängen

Den Draht zu einem Oval formen und die Enden mit dem Klebeband aneinander fixieren. Das Drahtgestell komplett mit der Borte umwickeln, an vier Punkten aufhängen und hübsch mit den Gegenständen behängen.

Hübsch geschmückt

Pulswärmer • Länge: 20 cm, Umfang: 22 cm • Vorlage 17, Bogen B • Schwierigkeitsgrad ●

Material

- Wollfilz
- 2 verschiedene Borten zum Verzieren jeweils 50 cm
- Wollreste in 2 Farben für die Häkelblume

Zuschneiden

Im Zuschnittmaß und in der Vorlage ist eine Nahtzugabe von ca. 0,75 cm enthalten.

- 2 Rechtecke je 20 x 25 cm

Nähen

Mithilfe der Schablone die Bögen mit einem wasserlöslichen Stift aufzeichnen und exakt ausschneiden. Borten aufnähen. Das Werkstück rechts auf rechts an der Seitenlinie zusammennähen.

Häkeln

Für die Häkelblume 3 Luftmaschen (zählt als 1 Stäbchen) und 9 Stäbchen in einen Fadenring häkeln. Farbe wechseln. Für ein Blütenblatt 2 Luftmaschen in das letzte Stäbchen anschlagen (zählt als halbes Stäbchen). *4 Stäbchen und 1 halbes Stäbchen in eine Masche häkeln, 1 Masche überspringen, halbes Stäbchen. Ab * 4 x wiederholen, mit 1 Kettmasche in die 2. Luftmasche Runde schließen. Faden abschneiden. Fäden vernähen und das Blümchen am Pulswärmer annähen.

Häkelschrift

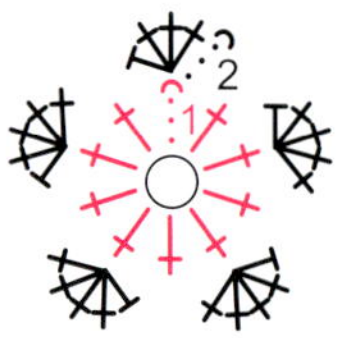

Zeichenerklärung

- · = 1 Luftmasche
- ᴖ = 1 Kettmasche
- T = halbes Stäbchen
- † = 1 Stäbchen
- ◯ = Fadenring

Laufen die Zeichen unten zusammen, werden die Maschen in eine Einstichstelle gearbeitet.

O Tannenbaum!

Tasche für Weihnachtseinkäufe • Größe 23 x 33 x 8 cm • Vorlage 18, Bogen B • Schwierigkeitsgrad ●●●

Material

- 45 cm Außenstoff
- 35 cm Futterstoff
- 30 cm Vlies
- ca. 50 g Häkelwolle in grün für die Nadelstärke 4 – 5

Zuschneiden

In den Zuschnittmaßen und in der Vorlage ist eine Nahtzugabe von ca. 0,75 cm enthalten.

- 2 Rechtecke 25 x 35 cm Außenstoff, mithilfe der Schablone die unteren Ecken abrunden
- 1 Seiten-/Bodenteil 10 x 100 cm Außenstoff, auf Vlies stecken
- 2 Streifen 9 x 55 cm für die Taschengriffe
- 2 Streifen 4 x 55 cm Vlies
- 2 Rechtecke 25 x 35 cm Futterstoff

Nähen

Taschenteil und Seiten-/Bodenteil rechts auf rechts entlang der seitlichen und unteren Taschenkontur nähen. Zweites Teil ebenso.

Für die Taschengriffe die Streifen der Länge nach als Schlauch nähen, wenden, gut ausbügeln und die vorbereiteten Vliesstreifen durch die Schläuche ziehen. Den Griff doppelt legen und schmalkantig absteppen – dabei 6 cm an beiden Enden aussparen. Die Taschengriffe an der Außentasche anbringen.

Futtertasche mit Wendeöffnung nähen. Außentasche (rechts) in die Futtertasche (links) stecken, gleichmäßig verteilen, stecken und abnähen. Tasche durch die Öffnung des Futters stülpen. Wendeöffnung schließen. Futtertasche in die Tasche stecken. Den oberen Rand bügeln und eine Ziernaht etwa 5 mm unterhalb des oberen Randes anbringen.

Fertigstellen

Für den Tannenbaum eine Luftmaschenkette von ca 1,5 m anschlagen und 1 Reihe halbe Stäbchen häkeln. Dieses gehäkelte Band in Form eines Tannenbaums auf ein Taschenteil von Hand aufnähen.

Für tausend andere Kleinigkeiten

Wolletui • Größe 12 x 22 cm • Vorlage 19, Bogen B • Schwierigkeitsgrad ●●

Material

- 20 cm Wollfilz
- 20 cm Futterstoff
- 1 Reißverschluss (20 cm lang)
- 2 verschiedene Borten zum Verzieren, jeweils 15 cm
- Wollreste für die Häkelblume

Zuschneiden

In der Vorlage ist eine Nahtzugabe von ca. 0,75 cm enthalten.

- 2 Außenteile aus dem Wollfilz mithilfe der Schablone erstellen
- 2 Teile aus dem Futterstoff mithilfe der Schablone erstellen

Häkelschrift

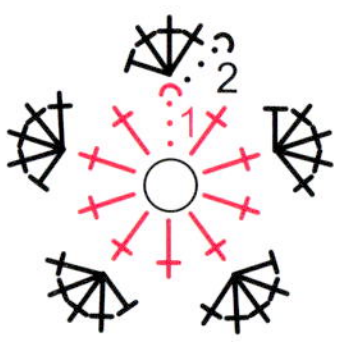

Zeichenerklärung

· = 1 Luftmasche

ᴖ = 1 Kettmasche

T = 1 halbes Stäbchen

† = 1 Stäbchen

○ = Fadenring

Laufen die Zeichen unten zusammen, werden die Maschen in eine Einstichstelle gearbeitet.

Nähen

Die Borten auf das Vorderteil schmalkantig absteppen. Den Reißverschluss auf das Vorderteil so rechts auf rechts legen, dass die Zähnchenreihe und die Stoffkante aufeinander liegen. Absteppen.

Das Futterteil deckungsgleich mit der rechten Seite nach unten auf das Werkstück auflegen und ebenfalls absteppen. Das Teil auf rechts drehen und knappkantig eine Naht neben den Reißverschluss setzen. Das Rückenteil auf gleiche Weise anbringen.

Die beiden Außenteile rechts auf rechts legen und seitlich absteppen. Anschließend die untere Kontur nähen. Seitennaht und Bodennaht aufeinander legen, absteppen, sodass der Boden entsteht. Die Futtertasche genauso erstellen, jedoch am Boden eine Wendeöffnung lassen. Das Etui durch die Öffnung stülpen und diese von Hand schließen.

Häkeln

Für die Häkelblume 3 Luftmaschen (zählt als 1 Stäbchen) und 9 Stäbchen in einen Fadenring häkeln. Runde mit 1 Kettmasche schließen. Faden abschneiden. Farbe wechseln. 2 Luftmaschen in die Kettmasche (zählt als halbes Stäbchen), *4 Stäbchen und 1 halbes Stäbchen in eine Masche häkeln. Ab * 4 x wiederholen und dabei jeweils eine Masche überspringen. Mit 1 Kettmasche in die 2. Luftmasche Runde schließen. Fäden abschneiden und vernähen. Die Häkelblume auf dem Etui per Hand aufnähen.

GREENLEAF
Rose
Scented Envelope Sachet
Rose
Sachet Parfumé
des Champs

Deko-Tipp

Am Weihnachtsmorgen

Tablett für das gemütliche Frühstück

Ein Tablett mit Stoff auslegen und mit verschiedenen weihnachtlichen Dingen dekorieren wie zum Bespiel Ausstechförmchen, Herzen aus Stoff und Windlichter.

Schenken zur Weihnachtszeit

Morgen, Kinder, wird's was geben – und zwar lauter tolle Geschenke wie die gehäkelte Kette mit passendem Ring. Und wer weiß, was für schöne Sachen in den Kamintaschen und dem selbst genähten Adventskalender versteckt sind?

17
12
10
14
3
5
15

Weihnachtsstiefel einmal anders

Kamintaschen • Größe 23 x 36 cm • Vorlage 20, Bogen B • Schwierigkeitsgrad ●●

Material

Für eine Tasche

- 25 cm Stoff
- ca. 30 cm Borte zum Verzieren
- Stoffrest für den Stern
- 25 cm Vlies
- Bügelvlies

Zuschneiden

In den Zuschnittmaßen und in der Vorlage ist eine Nahtzugabe von ca. 0,75 cm enthalten.

- 2 Rechtecke 25 x 40 cm für die tragende Basis, ein Teil auf Vlies stecken
- 2 Quadrate 25 x 25 cm für das Fach, ein Teil auf Vlies stecken

Nähen

Den Stern mit Hilfe der Schablone auf das Bügelvlies zeichnen, auf die linke Seite des Stoffes bügeln und ausschneiden. Das Trägerpapier von dem Stern abziehen und diesen auf die Vorderseite des Faches bügeln. Den Stern mit Zierstichen der Nähmaschine umnähen.

Die Rechtecke für das Fach rechts auf rechts legen. Mit Hilfe der Schablone den Bogen bis zur gestrichelten Linie aufzeichnen und exakt auf die aufgezeichnete Linie nähen, dabei eine Borte um den Bogen herum mitfassen. Bis zur Nahtzugabe zurückschneiden, wenden und ausbügeln.

Das fertige Fach auf das Rechteck mit Vlies stecken. Das zweite Rechteck für die tragende Basis deckungsgleich rechts auf rechts legen und ringsherum absteppen. Dabei eine Wendeöffnung lassen, auf rechts wenden und die Öffnung von Hand schließen.

Nadeln von der Rolle

Nadelkissen in Spulenform • Größe 10 cm x 7 cm • Schwierigkeitsgrad ●

Material

- 15 cm Stoff
- 15 cm Vlies
- Wolle für die Muschelkante (Nadelstärke 3 – 3,5)
- 1 Holzspule, 10 cm hoch

Zuschneiden

Den Umfang und die Höhe der Holzspule ausmessen. Dieses Maß doppelt plus Nahtzugabe zuschneiden und bei einem Teil Vlies hinterlegen.

Nähen

Die beiden Teile rechts auf rechts legen und ringsherum mit Wendeöffnung nähen. Anschließend verstürzen, um die Spule legen und von Hand zunähen.

Häkeln

Für die Muschelkante eine lockere Luftmaschenkette vom ausgemessenen Umfang anschlagen. **1. R.:** feste Maschen. **2. R.:** *1 feste Masche, 3 Stäbchen in eine Masche, 1 Masche überspringen, ab * bis zum Ende wiederholen. Mit 1 festen Masche enden. Die gehäkelte Muschelkante an der Spule mit der Hand aufnähen.

132
131
130

Let it snow!

Schneemannbilder • Größe 20 x 20 cm • Vorlagen 21 und 22, Bogen B • Schwierigkeitsgrad ●●

Material

Für 3 Bilder

- 25 cm einfarbiger Stoff für die Leinwand
- 15 cm gemusterter Stoff für den Hintergrund des Schneemanns
- Stoffreste für die Applikation
- 3 Leinwände 20 x 20 cm
- Vlies
- Bügelvlies
- 4 Knöpfe zum Verzieren, Durchmesser etwa 1,5 cm
- schwarzer Wäschestift

Zuschneiden

In den Zuschnittmaßen und in den Vorlagen ist eine Nahtzugabe von ca 0,75 cm enthalten.

- 2 Stoffquadrate 12,5 x 12,5 cm
- 1 Quadrat auf Vlies bringen
- 1 Stoffquadrat 25 x 25 cm für die Leinwand

Nähen

Den Schneemann und den Hut mit Hilfe der Schablonen auf das Bügelvlies zeichnen, auf die linke Seite des Stoffes bügeln und ausschneiden. Das Trägerpapier von den Teilen abziehen und diese auf die Vorderseite des Stoffquadrates bügeln. Den Schneemann mit Zierstichen der Nähmaschine umnähen.

Das 2. Stoffquadrat deckungsgleich rechts auf rechts auflegen und ringsherum absteppen. Vorsichtig auf die Rückseite einen Schlitz einschneiden und das Bild wenden. Anschließend gut ausbügeln. Das Gesicht mit dem Wäschestift aufmalen und die Knöpfe aufnähen.

Für die Leinwand das 25 x 25 cm große Quadrat mit Sprühkleber auf Vlies fixieren, damit die Leinwand beziehen und mit dem Tacker auf der Rückseite befestigen. Das Schneemannbild mittig von Hand aufnähen.

Ein fröhlicher Schmuck!

Häkelring und -kette · 4 cm Ø, 150 cm Länge · Schwierigkeitsgrad ●

Material

Ring

- Wolle in 2 verschiedenen Farben (für die Nadelstärke 3–3,5)
- 1 Ringschiene
- Stoffrest zum Beziehen des Knopfes
- 1 Knopf, ca. 2,5 cm Durchmesser
- Alleskleber

Häkelkette

- 50 g Wolle (für die Nadelstärke 4–4,5)
- Stoff zum Beziehen der Knöpfe
- 8 Knöpfe, ca. 2,5 cm Durchmesser
- 1 Knopf, ca.1,5 cm Durchmesser

Häkelschrift kleine Knopfblume

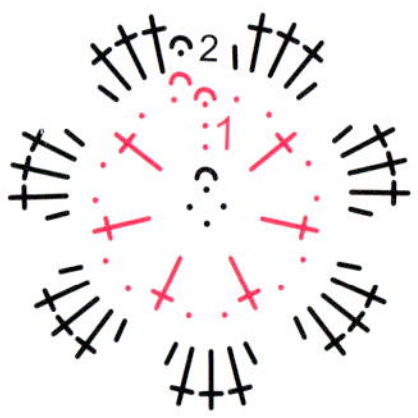

Häkelschrift große Knopfblume

Zeichenerklärung

· = 1 Luftmasche

⌒ = 1 Kettmasche

I = 1 feste Masche

† = 1 Stäbchen

Ring

Für den Fingerring werden eine kleine und eine große Knopfblume benötigt.

Kleine Knopfblume: In Blütenfarbe 4 Luftmaschen anschlagen und zum Ring schließen. 5 Luftmaschen (die ersten 3 Luftmaschen zählen als erstes Stäbchen). *1 Stäbchen in den Ring häkeln, 2 Luftmaschen, ab * 6 x wiederholen. Kettmasche in die 3. Luftmasche. In Blattfarbe jeweils 1 Blütenblatt an den Luftmaschenbogen häkeln wie folgt: *1 feste Masche, 3 Stäbchen, 1 feste Masche, ab * 6 x wiederholen. Mit einer Kettmasche in die 1. feste Masche abschließen.

Große Knopfblume: Die große Knopfblume wird auf gleiche Weise gehäkelt, allerdings besteht der Luftmaschenbogen aus 3 Luftmaschen, und das Blütenblatt wird jeweils mit einem Stäbchen mehr gearbeitet. Den Knopf mit Stoff beziehen und auf die kleine Knopfblume legen, dann beides auf die große Knopfblume legen und aufkleben. Blüte auf der Ringschiene befestigen.

Häkelkette

354 Luftmaschen anschlagen. In diese Luftmaschenkette nacheinander einhäkeln: 35 feste Maschen, dabei die erste feste Masche in die von der Nadel aus 2. Luftmasche arbeiten. Fläche für den Knopf (1 halbes Stäbchen, 2 Stäbchen, 3 Doppelstäbchen, 2 Stäbchen, 1 halbes Stäbchen). 20 feste Maschen. Blatt (8 Luftmaschen, 1 Stäbchen [die ersten 3 Luftmaschen zählen als erstes Stäbchen], 2 halbe Stäbchen und 2 feste Maschen). 20 feste Maschen. Knopffläche wie beschrieben. 20 feste Maschen. Blatt wie beschrieben. 20 feste Maschen. Fläche für den Knopf. 10 feste Maschen. Blatt. 10 feste Maschen. Knopffläche. 1 feste Masche. Knopffläche. 1 feste Masche. Knopffläche. 10 feste Maschen. Blatt. 10 feste Maschen. Knopffläche. 20 feste Maschen. Blatt. 20 feste Maschen. Knopffläche. 20 feste Maschen. Blatt. 20 feste Maschen. Knopffläche. 35 feste Maschen. Dann eine große und eine kleine Knopfblume wie beim Ring häkeln. Alle Knöpfe mit Stoff beziehen. Die kleinen Knöpfe auf den gehäkelten Knopfblumen aufkleben, den großen Knopf wie beim Ring anfertigen und auf die mittige Fläche der Kette aufnähen.

Deko-Tipp

Verschenken mit Elch

Geschenkpapier mit Bügelbildern

Material
- Papiertüten
- Stoffreste
- Bügelvlies
- dicke Wolle

Vorlage 1, Bogen A

Mithilfe der Schablone das Motiv auf das Vlies zeichnen und auf die Rückseite des Stoffes bügeln. Das Motiv exakt ausschneiden, das Trägerpapier abziehen, auf die Papiertüte platzieren und aufbügeln. Die Tüte mit guten Sachen befüllen und mit einer Schleife aus Wolle dekorieren.

Windlicht mit Herz

Lichterglas mit Häkelblume • Höhe 10 cm, Durchmesser 10 cm • Schwierigkeitsgrad ●●

Material

- 15 cm Stoff
- 1 Glas 10 cm hoch, Durchmesser 10 cm
- Wolle in verschiedenen Farben

Zuschneiden

In dem Zuschnittmaß ist eine Nahtzugabe von ca. 0,75 cm enthalten.

- 1 Rechteck 11 x 34 cm

Häkelschrift

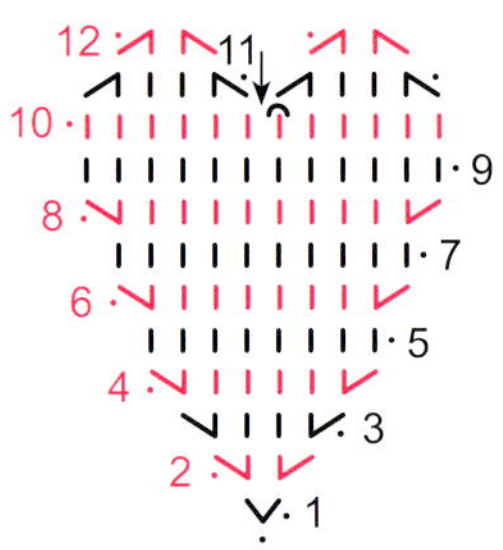

Zeichenerklärung

· = 1 Luftmasche

⌢ = 1 Kettmasche

I = 1 feste Masche

↓ = neu ansetzen

Laufen die Zeichen unten zusammen, werden die Maschen in eine Einstichstelle gearbeitet. Laufen die Zeichen oben zusammen, werden die Maschen zusammen abgemascht.

Häkeln

Für die Muschelkante eine Luftmaschenkette von 34 cm anschlagen. Am Beginn jeder Reihe 1 Wendeluftmasche. **1. R.:** feste Maschen. **2. R.:** 1 feste Masche, 3 Stäbchen in einer Masche, 1 Masche überspringen, eine feste Masche. Bis zum Ende so fortfahren. Faden abschneiden und vernähen.

Für das Herz zwei Luftmaschen anschlagen. Jeder der folgenden Reihen mit einer Wendeluftmasche beginnen. **1. R.:** 2 feste Maschen in die erste Luftmasche. **2. R.:** in beide Maschen der Vorreihe jeweils 2 feste Maschen häkeln = 4 Maschen. **3. R.:** erste und letzte feste Masche verdoppeln = 6 Maschen. **4. R.:** erste und letzte feste Masche verdoppeln = 8 Maschen. **5. R.:** 8 feste Maschen. **6. R.:** erste und letzte feste Masche verdoppeln = 10 Maschen. **7. R.:** 10 feste Maschen. **8. R.:** erste und letzte feste Masche verdoppeln = 12 Maschen. **9. R.:** 12 feste Maschen.

Hier beginnt der Herzbogen. **10. R.:** 6 feste Maschen. **11. R.:** jeweils die ersten beiden und letzten beiden Maschen zusammenhäkeln = 4 Maschen. **12. R.:** die ersten beiden und die letzten beiden Maschen zusammenhäkeln = 2 Maschen. Faden abschneiden. Für den zweiten Herzbogen in der Mitte neu ansetzen und die 10. Reihe mit den restlichen 6 Maschen wie beim ersten Herzbogen häkeln. Die 11. und 12. Reihe ebenfalls wiederholen. Faden abschneiden. Farbe wechseln. Das Herz mit festen Maschen umhäkeln.

Das Stoffrechteck an den langen Kanten jeweils 2 cm umbügeln. Die gehäkelte Muschelkante aufsteppen und das Rechteck zu einem Ring zusammennähen. Das Herz von Hand aufnähen. Den Stoffring über das Glas stülpen.

Morgen, Kinder, wird's was geben …

Adventskalender • Größe je Tasche 12 x 18 cm • Vorlage 23, Bogen B • Schwierigkeitsgrad ●●

Material

- jeweils 30 cm Stoff in 5 verschiedenen Designs
- heller Stoff für die Knöpfe
- 1 m Vlies
- 24 Knöpfe zum Beziehen, etwa 2,5 cm Durchmesser
- Stickgarn für die Zahlen
- Wolle für die Häkelblumen und die Muschelkante

Zuschneiden

In den Zuschnittmaßen und in der Vorlage ist eine Nahtzugabe von etwa 0,75 cm enthalten.

Für 1 Täschchen

- 2 Rechtecke 14 x 20 cm für die tragende Basis, ein Teil auf Vlies stecken
- 2 Rechtecke 13 x 14 cm für das Fach, ein Teil auf Vlies stecken

Häkelschrift

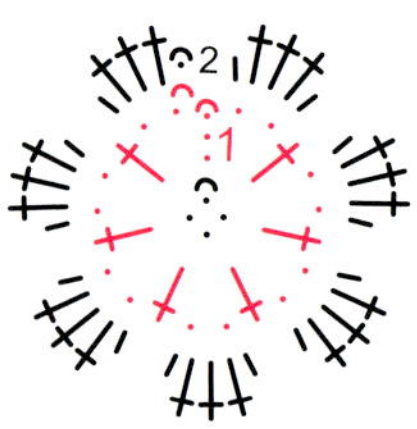

Zeichenerklärung

· = 1 Luftmasche

⌒ = 1 Kettmasche

ı = 1 feste Masche

† = 1 Stäbchen

Nähen

Die beiden Rechtecke für das Fach rechts auf rechts legen. Mit Hilfe der Schablone den Bogen bis zur gestrichelten Linie aufzeichnen und exakt auf die aufgezeichnete Linie nähen. Bis zur Nahtzugabe zurückschneiden, wenden und ausbügeln.

Das fertige Fach auf das Rechteck mit Vlies stecken. Das zweite Rechteck für die tragende Basis deckungsgleich rechts auf rechts legen und ringsherum absteppen. Dabei eine Wendeöffnung lassen, auf rechts wenden und die Öffnung per Hand schließen.

Für die Knöpfe auf den hellen Stoff die Zahlen 1 bis 24 aufsticken. Die Knöpfe mit dem Stoff beziehen.

Häkeln

Für jede der 24 Knopfblumen 4 Luftmaschen anschlagen und zum Ring schließen. 5 Luftmaschen (die ersten 3 Luftmaschen zählen als erstes Stäbchen), *1 Stäbchen in den Ring häkeln, 2 Luftmaschen, ab * 5 mal wiederholen. Mit 1 Kettmasche in die 3. Luftmasche den Ring schließen, Faden abschneiden.

Mit einer anderen Farbe auf einem Stäbchen neu ansetzen, 1 Luftmasche, 3 Stäbchen und 1 feste Masche in den Luftmaschenbogen, *1 feste Masche, 3 Stäbchen, 1 feste Masche in den Luftmaschenbogen, ab * 5 mal wiederholen. Die Runde mit 1 Kettmasche in die 1. Luftmasche schließen. Faden abschneiden und vernähen.

Fertigstellen

Die stoffbezogenen Knöpfe an den gehäkelten Blumen annähen und diese an jedem Adventstäschchen mit der Hand aufnähen.

1
17
21
18
12
16
19
10
14
8
2
3
5
13
24
6
15

Material und Werkzeuge

Nähmaschinen-Nadeln

Die zu verwendende Stärke hängt von Stoff- und Garnstärke ab. In den Herstellerangaben der Nähmaschinen sind entsprechende Tabellen zu finden. Für feinere Stoffe wie Batist, Seide, Tüll und Taft feine Nadeln, für Baumwollstoffe mittelstarke Nadeln und für festere Stoffe wie Deko- und Möbelstoffe stärkere Nadeln verwenden. Nähmaschinennadeln sind Verschleißteile und müssen immer wieder ausgetauscht werden. Wenn der Faden oft reißt oder das Stichbild ungleichmäßig ist, kann dies an einer schadhaften Nadel liegen.

Garne

Bei der Garnwahl stets auf gute Qualität achten, um reißende Fäden, ärgerliche Knoten, Schlaufen und springende Spulen zu vermeiden. Synthetikgarne sind unverwüstlich, werden auch als „Allesnäher" bezeichnet und leisten gerade zum Einstieg gute Dienste. Daneben gibt es Baumwoll- oder feine Seidengarne. Heftgarn (auch Reihgarn genannt) besteht aus lose verzwirnter Baumwolle und kann leicht zerrissen und rasch entfernt werden.

Stecknadeln, Nähnadeln

Stecknadeln sind unverzichtbar zum Fixieren von Stofflagen aufeinander. Tipp: Stecknadeln immer quer zur Nährichtung stecken, dann kann man sie beim Nähen leichter herausziehen. Zum Heften und für Handstiche immer eine Auswahl Universalnadeln bereithalten.

Schneidelineal, Rollschneider, Schneideunterlage

Teile mit geraden Kanten und Streifen lassen sich damit sehr gut und schnell schneiden. Diese verhältnismäßig teuren Anschaffungen lohnen sich aber nur, wenn Sie häufig nähen.

Maßband und Kreide

Das Maßband ist unerlässlich beim Zuschnitt und bei der passgenauen Näharbeit. Mit Schneiderkreide werden die verschiedenen Schnittteile auf den Stoff aufgezeichnet. Schneiderkreide wird mit der Zeit wieder unsichtbar, sollte aber besser auf der linken Stoffseite verwendet werden.

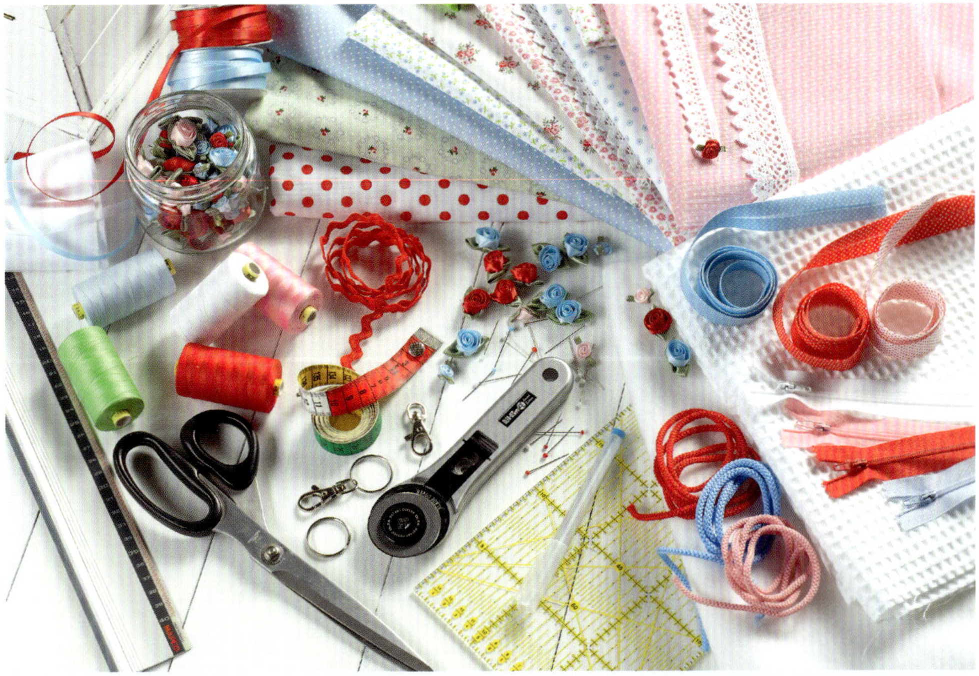

Grundmaterial

- Nähmaschine
- passendes Nähgarn
- Heftgarn
- Nähnadeln, Stecknadeln
- Stoffschere, Papierschere
- Papier, Bleistift
- Lineal, Maßband
- Schneiderkreide
- Bügeleisen, Bügeltuch
- Schneideunterlage

Hinweis

Die Grundmaterialien sind in den einzelnen Modell-Anleitungen nicht mehr erwähnt.

Grundbegriffe des Nähens

Stoffbruch

Bei der doppelten Stofflage entsteht eine Faltlinie, die als Stoffbruch bezeichnet wird. Auf einem Schnitt bezeichnet der Stoffbruch die Mitte eines Schnittteils und ist meist als Bruchlinie dargestellt. Dort wird der Stoff gefaltet und die entsprechende Kante des Schnitts ohne Nahtzugabe aufgelegt. An dieser Stelle entsteht keine Naht.

Fadenlauf

Jedes Gewebe besteht aus Kettfäden (längs) und Schussfäden (quer). Der Fadenlauf entspricht der Richtung der Kettfäden und verläuft parallel zur Gewebekante. Der Zuschnitt sollte immer im Fadenlauf erfolgen, damit sich der Stoff nicht verzieht. Falls der Stoff keine Strichrichtung hat, z. B. bei Baumwollstoffen in Leinwandbindung, können Sie, um Stoff zu sparen, auch entlang der Schussfäden schneiden, jedoch niemals schräg dazu.

Waschen und Bügeln

Bevor Sie anfangen zu nähen, waschen Sie den Stoff, um späteres Einlaufen zu vermeiden. Den Stoff immer vor Beginn der Näharbeiten und zwischen den einzelnen Arbeitsschritten bügeln. Empfindliche Stoffe zum Bügeln mit einem sauberen Baumwolltuch bedecken.

Rechte und linke Stoffseite

Jeder Stoff hat eine rechte und eine linke Stoffseite. Die rechte Seite entspricht der Stoffaußenseite. Bei bedruckten Stoffen ist diese leicht zu erkennen, da hier das Muster deutlicher zu sehen ist. Wird ein Stoff rechts auf rechts gelegt, befindet sich die Stoffaußenseite (rechte Seite) innen und die („weniger schöne") linke Seite außen. Liegt ein Stoff links auf links, befindet sich die rechte Seite außen und die linke innen.

Nahtzugabe

Wird ein Stoff zu nah an der Kante genäht, reißen Naht und Stoff leicht auf. Deswegen in der Regel beim Zuschnitt eine Nahtzugabe von 1 cm hinzurechnen. Bei den Vorlagen zu den Modellen im Buch ist die Nahtzugabe bereits mit eingezeichnet.

Fadenspannung

Je nach Stoffart muss die Fadenspannung der Nähmaschine reguliert werden, damit keine Garnschlaufen entstehen. Am besten zunächst ein kleines Teststück anfertigen.

Bügelvlies

Dieses Einlagematerial verleiht Stoffen Form und Halt. Bügelvliese gibt es in verschiedenen Stärken; Sie lassen den Stoff nach dem Aufbügeln steif werden. Einseitige Bügelvliese haben eine Klebeseite (= linke Vliesseite), die meist etwas rauer ist und leicht glänzt. Diese auf der linken Stoffseite platzieren. Anschließend das Bügelvlies mit einem Bügeltuch abdecken und nach Herstellerangaben aufbügeln. Angaben zur Bügeltemperatur sind in der Regel auf das Vlies aufgedruckt. Die Verarbeitung von doppelseitigem Bügelvlies finden Sie auf Seite 57 unter dem Stichwort „Applizieren".

Stoffmengen

Die Stoffmenge wird bei allen Modellen so angegeben, dass ein Einlaufen der Stoffe von 3–5 % einberechnet ist. Die Breite entspricht entweder dem handelsüblichen Angebot von 140 cm, manchmal auch 150 cm oder es ist nur das tatsächlich benötigte Maß angegeben, damit man auf einen Blick sehen kann, ob auch ein Stoffrest noch ausreicht.

Heften und Stecken

Stoffteile immer erst mit Stecknadeln fixieren oder rasch von Hand heften. So können die Stoffteile beim Nähen nicht verrutschen oder Falten werfen. Achtung: Stecknadeln quer zur Nährichtung in den Stoff stecken und beim Nähen Stück für Stück herausziehen, sonst kann die Nähnadel abbrechen.

Grundtechniken des Nähens

Nahtzugabe versäubern

Damit die Stoffkanten nicht ausfransen, sollten die Nahtzugaben versäubert werden. Hierzu eignet sich der Zickzack-Stich oder ein Overlock-Stich. Falls die beiden Nahtzugaben einer Naht getrennt versäubert werden, geschieht dies, bevor die Naht genäht wird. Falls die Nahtzugaben zusammen versäubert werden, wird zuerst die Naht geschlossen und dann werden beide Kanten mit einer Zickzack-Naht versäubert.

Nähte verriegeln

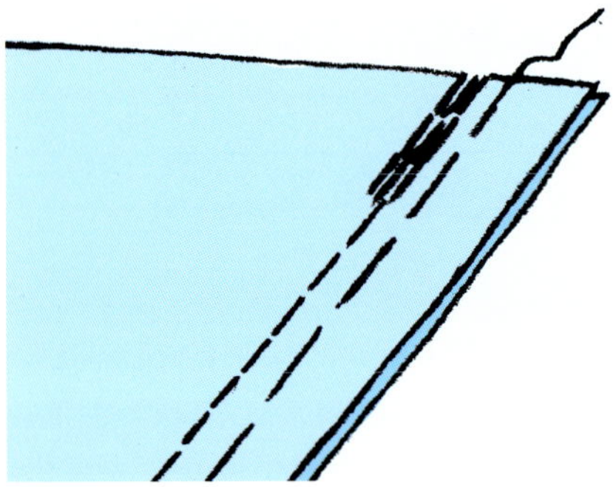

Jede Naht muss am Anfang und Ende vernäht werden, damit sie sich nicht wieder auflöst. Diesen Vorgang nennt man „Verriegeln“: Am Nahtbeginn drei bis vier Stiche nähen, dann die Rückwärtstaste drücken und drei bis vier Stiche zurücknähen, bevor die ganze Naht erneut vorwärts genäht wird. Das Nahtende mit drei bis vier Rückwärtsstichen sichern.

Verstürzte gerade Naht

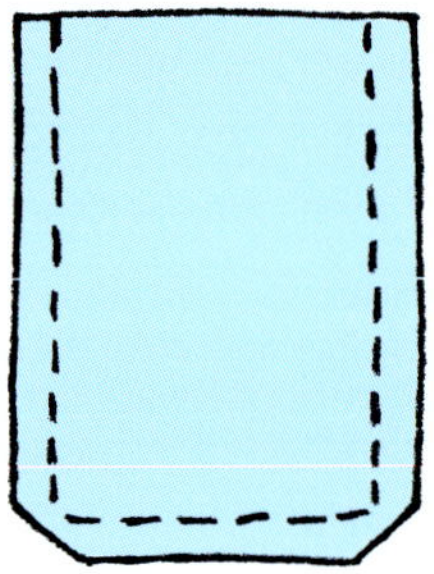

‚Stoffe verstürzen' bedeutet, dass die rechten Stofflagen zunächst im Inneren des Nähguts liegen, die Schnittkanten liegen bündig aufeinander. Anschließend wird die Naht mit einem Geradstich geschlossen und das Teil dann gewendet, so dass die rechten Seiten außen liegen, die Nahtzugaben innen. Bei Ecken ist es wichtig, dass die Nahtzugaben vor dem Wenden schräg abgeschnitten werden, damit sie sich nachher besser legen.

Verstürzte Naht: Rundungen

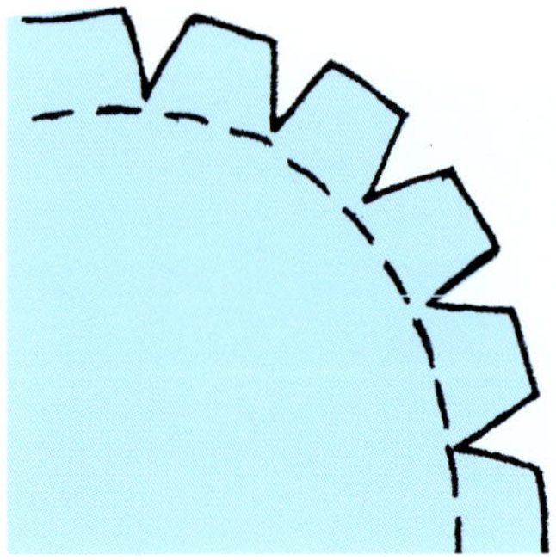

Bei Rundungen die Nahtzugaben vor dem Wenden in kleinen Abständen bis ca. 1 mm vor die Naht einschneiden. Nur wenn die Nahtzugaben eingeschnitten werden, liegt die gebogene Kante nach dem Verstürzen schön flach.

Ecke abnähen

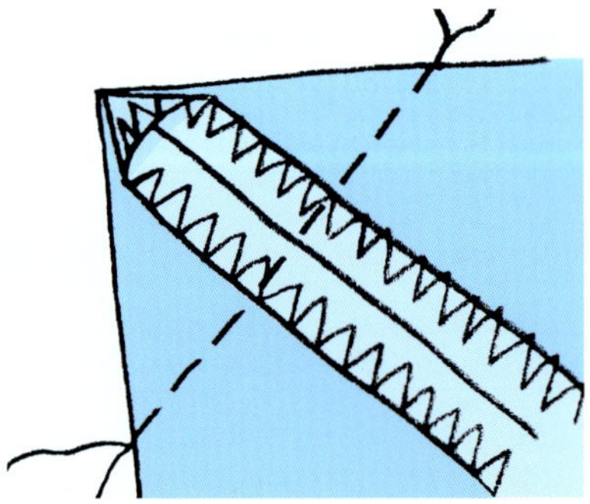

Die entsprechende Ecke so falten, dass an der Spitze ein Dreieck entsteht, bei dem die Naht die Mitte bildet. Dieses Dreieck quer zur bestehenden Naht absteppen. In der Anleitung ist immer die Höhe des abzunähenden Dreiecks angegeben, die entlang der bestehenden Naht gemessen wird.

Spitze annähen

Die Spitze wird rechts auf rechts auf den Stoff gelegt, so dass die gerade Seite der Spitze an der Stoffkante liegt. Dann Spitze und Stoff mit angegebenem Abstand zur Kante zusammennähen, Nahtzugaben versäubern und nach links umbügeln. Zum Schluss den Stoff nach Anleitung absteppen. Bei Rundungen und Ecken die Spitze an der Außenkante einhalten und an der Innenkante dehnen, sodass die Spitze glatt liegt, wenn sie nach außen umgeschlagen wird.

Applizieren mit doppelseitigem Bügelvlies

Doppelseitiges Bügelvlies hat eine Papierseite und eine leicht glänzende Klebeseite und wird von beiden Seiten aufgebügelt: Da es durchscheinend ist, kann man es einfach über die Vorlage legen (Papierseite oben) und das Schnittteil mit Bleistift aufzeichnen. Bügelvlies großzügig zuschneiden, mit der glänzenden Seite auf die linke Stoffseite legen und von der Papierseite her aufbügeln. Die zuvor aufgezeichnete Motivkontur ausschneiden.
Anschließend das Papier vom Bügelvlies abziehen und das Motiv mit dieser Seite auf dem Trägerstoff platzieren. Die Applikation aufbügeln und mit einem engen Zickzackstich aufnähen.

Handstich: Blindstich

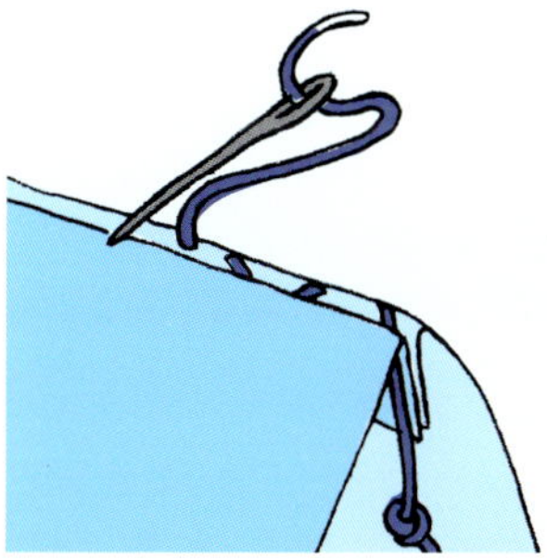

Gearbeitet wird von rechts nach links. Um einen Saum anzunähen, vom Einschlag aus die Nadel in den Oberstoff einstechen, ein bis zwei Fäden des Oberstoffes greifen und im Abstand von ca. 6 mm in den Einschlag einstechen. Sollen zwei eingeschlagene Kanten aufeinandergenäht werden, durch den Einschlag der unteren und oberen Kante stechen, die Nadel ca. 6 mm durch den Stoff des oberen Einschlags führen, ausstechen und auf gleicher Höhe in den unteren Einschlag stechen usw.

Rüschen

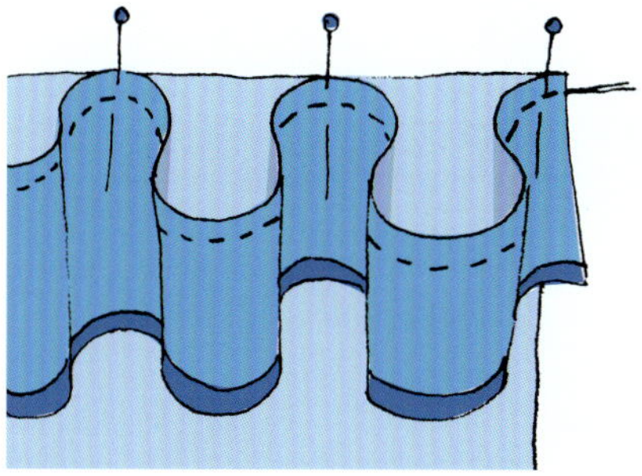

Mit einem langen Stich der Nähmaschine die obere Kante des Rüschenstreifens absteppen, dabei die Anfangs- und Endfäden mindestens 10 cm lang hängen lassen. Den Streifen rechts auf rechts an der gewünschten Rockkante mit Nadeln fixieren, dabei den überschüssigen Stoff gleichmäßig verteilen.

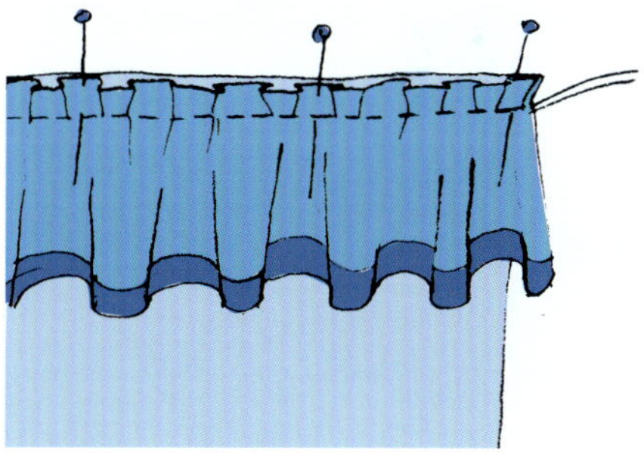

Nun den Unterfaden vorsichtig anziehen, sodass der Stoff gekräuselt wird. Eventuell zwischen den bereits vorhandenen noch weitere Stecknadeln stecken. Anschließend die Rüsche dicht neben dem Kräuselfaden feststeppen, sodass der Kräuselfaden auf der Nahtzugabe liegt und später nicht zu sehen ist.

Grundkurs Häkeln

Luftmaschenanschlag

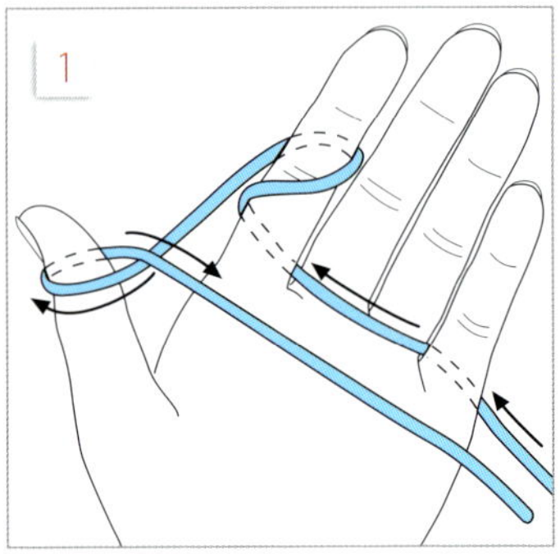

Den Faden wie im Bild gezeigt um die linke Hand legen.

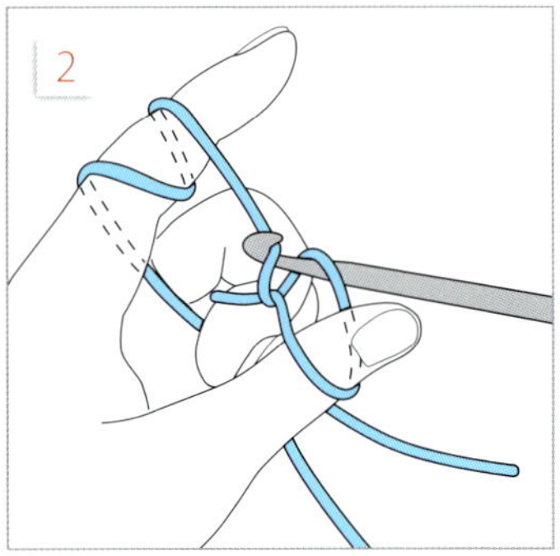

Die Nadel von unten in die Daumen schlinge schieben. Den Faden erfassen und durchziehen. Daumen aus der Schlinge nehmen. Der Anschlagsknoten und eine Schlinge sind fertig.

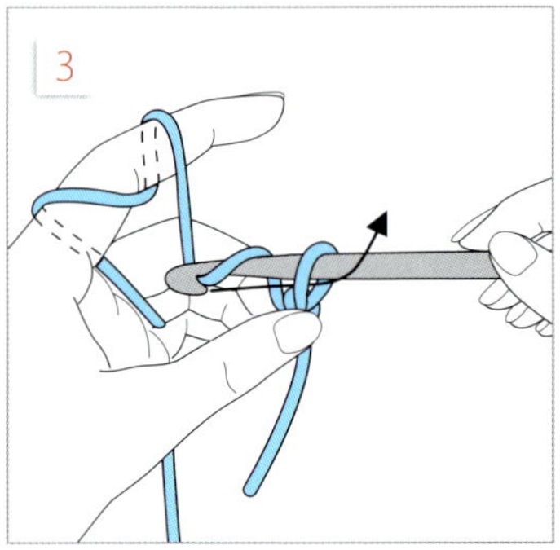

Den Anschlagsknoten mit Daumen und Mittelfinger halten, den Faden vom Zeigefinger mit der Nadel erfassen und durch die Schlinge ziehen.

Feste Masche

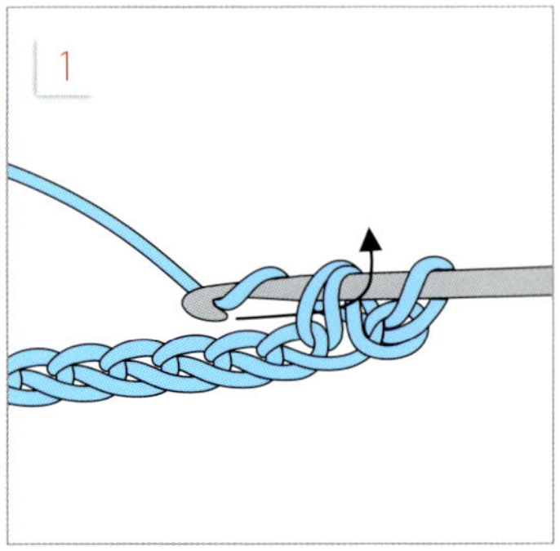

In die 2. Luftmasche von der Nadel aus einstechen, Faden von hinten nach vorn um die Nadel legen. Diesen Umschlag durch die Luftmasche ziehen.

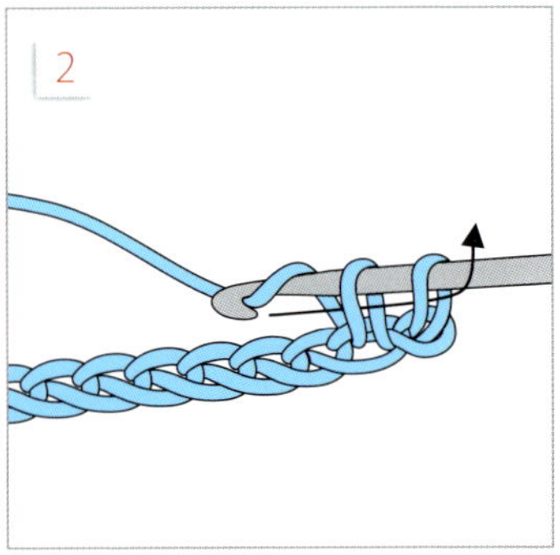

Einen neuen Umschlag bilden und durch beide Schlingen auf der Nadel ziehen. Die Schritte 1 und 2 für die folgenden Maschen wiederholen.

Halbes Stäbchen

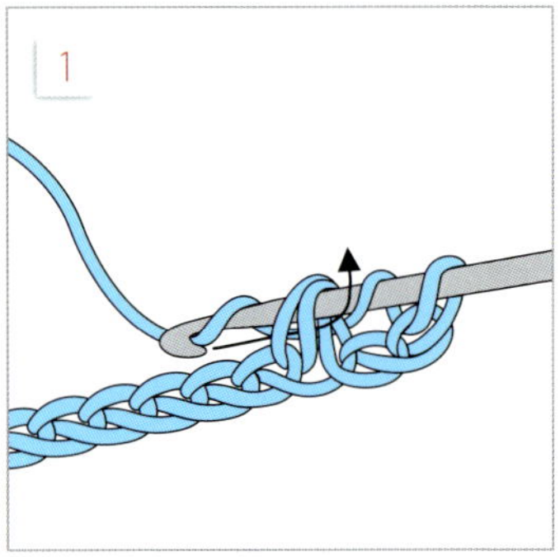

Einen Umschlag um die Nadel legen und in die vorgesehene Masche einstechen. Einen weiteren Umschlag um die Nadel legen und diesen durch die Masche ziehen.

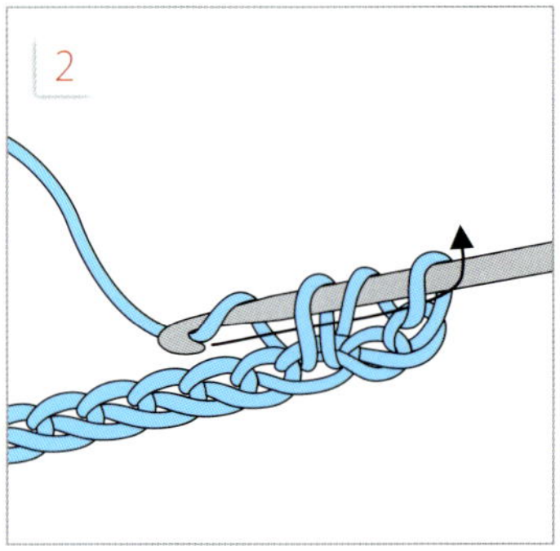

Einen neuen Umschlag um die Nadel legen und diesen durch alle 3 auf der Nadel liegenden Schlingen ziehen.

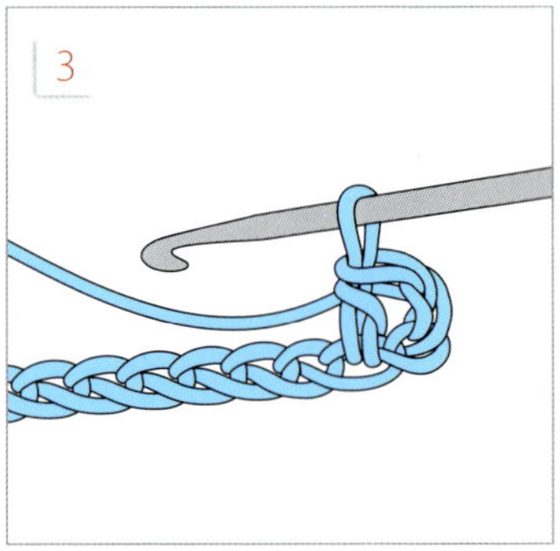

Das halbe Stäbchen ist fertig. Die Schritte 1 und 2 für die folgenden Maschen wiederholen.

Stäbchen

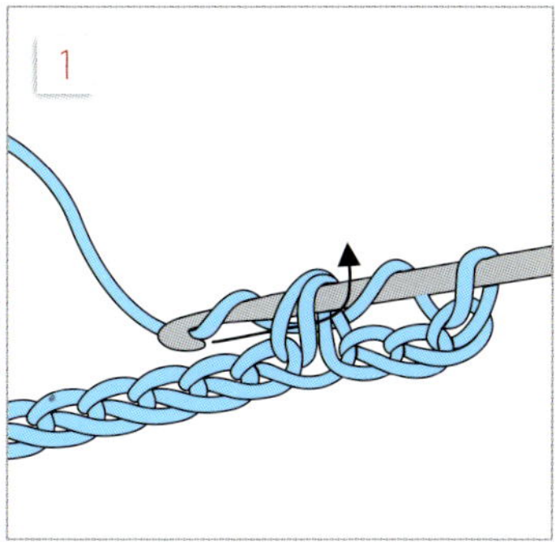

Einen Umschlag um die Nadel legen und in die vorgesehene Masche einstechen. Einen weiteren Umschlag um die Nadel legen und diesen durch die Masche ziehen.

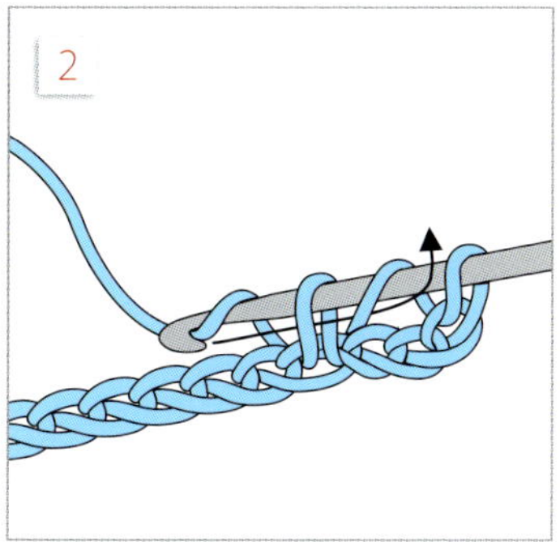

Einen neuen Umschlag um die Nadel legen und diesen durch die ersten 2 der 3 auf der Nadel liegenden Schlingen ziehen.

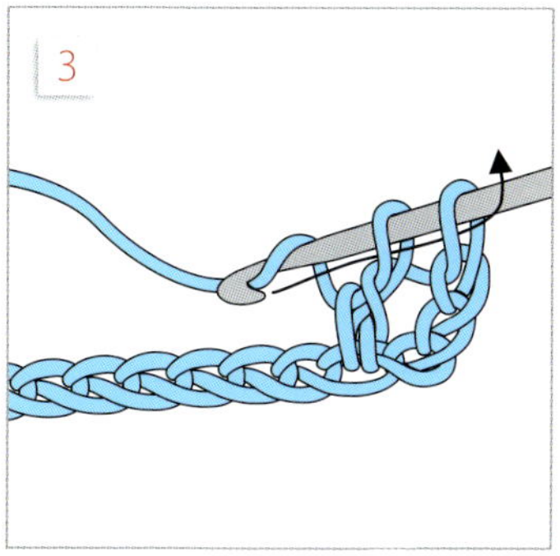

Einen neuen Umschlag um die Nadel legen und diesen durch die restlichen 2 auf der Nadel liegenden Schlingen ziehen.

Fadenring

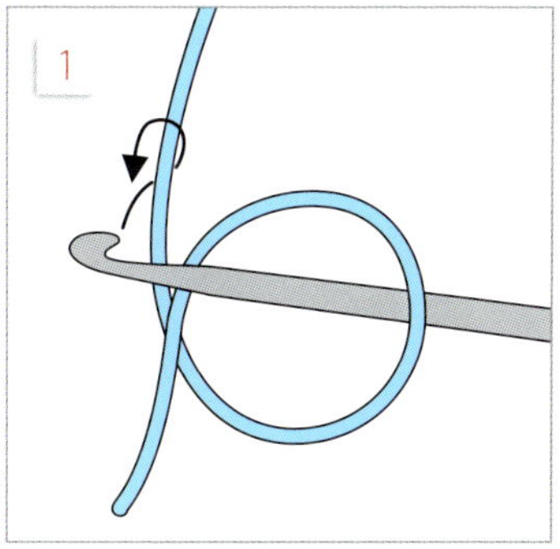

Den Fadenring zur Schlinge legen, einstechen, Faden um die Nadel legen, diesen Umschlag durchziehen. Fadenring noch nicht festziehen. Arbeitsfaden um den linken Finger legen.

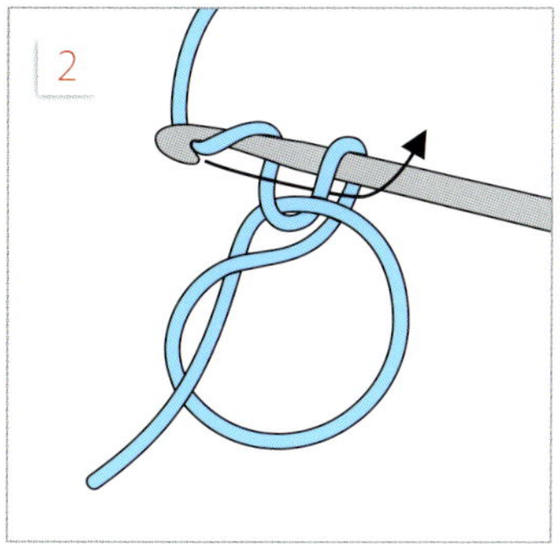

Den Kreuzpunkt der Fadenschlinge festhalten, 1 Umschlag bilden und durch die Schlinge auf der Nadel ziehen. Auf diese Weise die 1. Runde häkeln, dann die Fadenring zuziehen.

Kettmasche

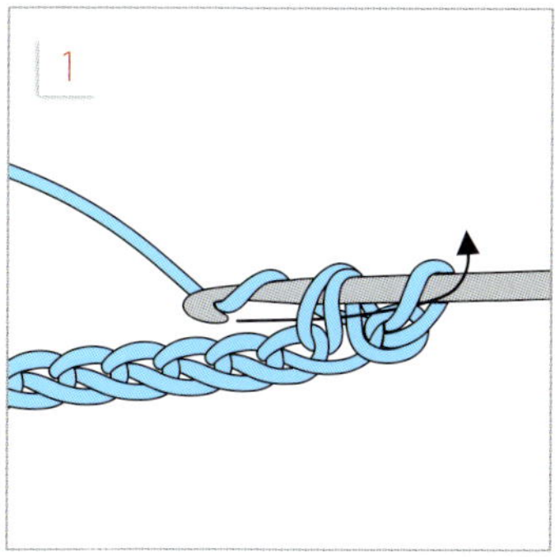

In die 2. Masche von der Nadel aus einstechen, Faden um die Nadel legen. Diesen Umschlag durch die auf der Nadel liegende Masche und Schlinge ziehen.

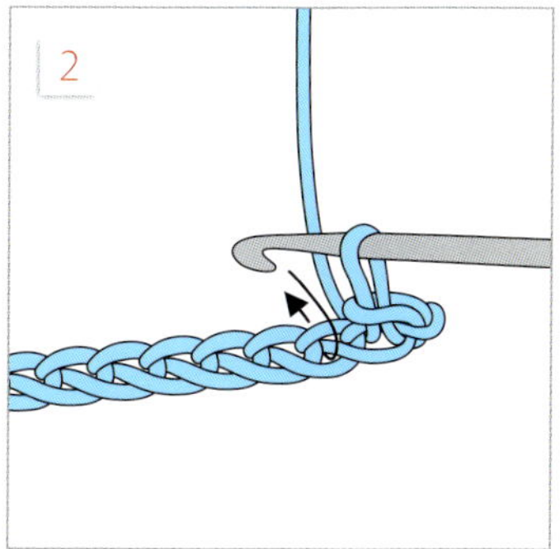

Diesen Ablauf wiederholen, wenn mehr als eine Masche übergangen werden soll.

Impressum

Entwürfe: Beate Mazek
Fotos: Uli Glasemann
Styling: Elke Reith
Lektorat: Idis Eisentraut
Redaktion: Angelika Klein
Vorlagen und Schnittzeichnungen:
Carsten Bachmann
Satz und Umschlaggestaltung: GrafikwerkFreiburg
Reproduktion: Meyle + Müller GmbH, Pforzheim
Druck und Bindung:
Gruppo Editoriale Zanardi SRL, Italy

ISBN 978-3-8410-6152-2
Art.-Nr. OZ6152

Hersteller

- Freudenberg KG Vertrieb Vlieseline, www.vlieseline.de
- Green Gate, Klampenborg (Dk), www.greengate.dk
- Gütermann AG Gutach/Breisgau www.guetermann.com
- KnorrPrandell GmbH, Lichtenfels www.knorrprandell.de
- Prym-Consumer GmbH, Stolberg www.prym-consumer.com
- Rayher Hobby GmbH, Laupheim www.rayher-hobby.de
- Lana Grossa, Gaimersheim www.lanagrossa.de
- Rico Design GmbH & Co. KG, Brakel www.rico-design.de

Kreativ-Service

Sie haben Fragen zu den Büchern und Materialien? Frau Erika Noll ist für Sie da und berät Sie rund um alle Kreativthemen. Rufen Sie an! Wir interessieren uns auch für Ihre eigenen Ideen und Anregungen. Sie erreichen Frau Noll per E-Mail: **mail@kreativ-service.info** oder Tel.: **+49 (0) 5052 / 91 18 58** Montag bis Donnerstag: 9–17 Uhr / Freitag: 9–13 Uhr

Besuchen Sie uns im Internet: www.christophorus-verlag.de